고종 황제와 대한제국의

경운궁 이야기

gogo! 체험학습

나는 역사가 좋다 ❶ 경운궁 이야기

ⓒ 여은희·신춘열 2002

1판 1쇄 2002년 1월 31일 | **개정판 1쇄** 2013년 11월 1일 | **개정판 2쇄** 2014년 1월 28일

글 여은희 신춘열 | **본문 그림** 김상민 | **펴낸이** 강병선

책임편집 남지은 이복희 | **디자인** 이지선 | **마케팅** 정민호 나해진 이동엽 | **온라인 마케팅** 김희숙 김상만 한수진 이천희

제작 강신은 김동욱 임현식 | **제작처** 영신사

펴낸곳 (주)문학동네 | **출판등록** 1993년 10월 22일 제406-2003-000045호

주소 413-120 경기도 파주시 회동길 210

전자우편 kids@munhak.com | **홈페이지** www.munhak.com | **카페** cafe.naver.com/mhdn | **트위터** @kidsmunhak

대표전화 (031)955-8888 | **팩스** (031)955-8855 | **문의전화** (031)955-3579(마케팅) (02)3144-3235 (편집)

ISBN 978-89-546-2266-0 64000

이 도서의 국립중앙도서관 출판시도서목록(CIP)은 서지정보유통지원시스템 홈페이지(http://seoji.nl.go.kr)와
국가자료공동목록시스템(http://www.nl.go.kr/kolisnet)에서 이용하실 수 있습니다.(CIP제어번호: CIP2013019843)

사진 제공: 국립중앙박물관(표지)

고종 황제와 대한제국의

경운궁 이야기

글 여은희 · 신춘열

go go!
체험학습
나는 역사가 좋다 ①

문학동네

덕수궁이 제 이름 경운궁을 되찾길 바라며

　　서울 한복판에 있는 덕수궁! 도심 속 궁궐에서 느긋이 산책을 즐기는 사람들, 카메라를 들고 사진을 찍는 사람들이 많이 보입니다. 지금은 한적하고 평화로운 고궁이지만 덕수궁이 고종 황제가 죽은 장소라는 사실을 아는 사람은 얼마나 될까요? 그 뒤편에 을사늑약의 현장이었던 '중명전'이 자리하고 있다는 사실은요?

　　덕수궁의 원래 이름은 '경운궁'이었어요. 조선 말기에 고종에 의해 새로이 세워진 황제의 나라 '대한제국'의 본궁으로 거듭난 궁궐이었지요. 그러나 일제는 자주 독립의 의지를 보이는 고종 황제를 강제로 퇴위시키고 경운궁의 이름을 덕수궁으로 바꿨습니다. '덕수'는 왕의 자리에서 물러난 사람에게 쓰는 호칭이었거든요. 경운궁이 덕수궁으로 바뀐 것은 우리의 아픈 역사 속에서 궁궐의 의미가 훼손된 사건입니다. 그러니 지금 우리가 돌아보고 있는 이 궁궐의 이름을 계속 덕수궁으로 부르는 것은 바람직하지 않겠지요?

경운궁은 경복궁, 창덕궁, 창경궁, 경희궁과 함께 조선 시대의 5대 궁궐에 속해요. 특히 경운궁은 고종이 러시아 공사관으로 옮겨 간 1897년부터 황제의 자리를 내어 준 1907년까지 파란만장한 역사의 중심에 서 있었습니다. 그래서 이곳에는 일본과 외세에 맞서 저항하기도 하고 굴복하게도 됐던 아픈 시간들이 배어 있습니다.

경운궁에서는 또 어떤 일이 일어났을까요? 경운궁이 살아온 이야기를 듣고 경운궁 곳곳을 돌아보아요. 그리고 더 나아가 아픈 역사를 치유하고 덕수궁이 '경운궁'이라는 원래 이름을 되찾으려는 운동에 동참하는 건 어떨까요?

글쓴이 여은희, 신춘열

차례

1 조선 왕조의 궁궐

도심 속의 경운궁

　궁궐은 '궁'과 '궐'이 합쳐진 말입니다. 왕과 왕의 가족들이 함께 살던 집과, 국가의 통치자로서 왕이 나랏일을 보던 곳 모두를 '궁'이라고 했습니다. 그리고 '궐'은 망을 보기 위하여 궁의 문 양쪽에 높이 세운 망루를 말합니다. 따라서 '궁궐'은 궁 안과 그 둘레까지를 통틀어 가리키는 말입니다.

　조선 시대에 제일 먼저 지은 궁궐은 경복궁입니다. 그리고 이어서 창덕궁과 창경궁이 지어졌습니다. 그러다가 임진왜란이 일어나 이 궁궐들이 모두 불타 버리자 선조 임금은 월산대군의 집을 개조하여 살게 되었는데 그곳이 바로 경운궁입니다. 그리고 광해군 때 경희궁이 지어졌지만, 지금은 그 흔적이 거의 남아 있지 않습니다. 경복궁, 창덕궁, 창경궁, 경운궁, 경희궁 이 다섯 개의 궁궐을 '조선 시대 5대 궁궐'이라고 합니다.

2 경운궁이 살아온 이야기

선조가 머물던 석어당

임진왜란 때 왕궁이었던 경복궁, 창덕궁, 창경궁이 모두 불타 버렸습니다. 피난을 갔다가 돌아온 선조는 마땅히 지낼 궁궐이 없었어요. 그래서 한양에서 제일 좋은 집으로 여겨진 월산대군(성종의 형)의 집을 임시 거처(행궁)로 삼았습니다. 그 후 선조의 뒤를 이은 광해군이 이곳에서 즉위하고 행궁을 '경운궁'이라 고쳐 부른 뒤 7년 동안 왕궁으로 사용했습니다. 광해군이 창덕궁으로 거처를 옮기면서 경운궁은 '서궁(서쪽의 궁)'으로 낮추어 불렸고, 이곳 즉조당에서 인조가 즉위한 후부터는 270년이 넘도록 별궁으로 사용되었습니다.

그러다가 을미사변으로 러시아 공사관에 피신해 있던 고종이 1897년 백성들의 간청으로 돌아와 이곳을 왕궁으로 사용하면서부터 다시 '경운궁'이라 불리게 되었습니다.

상감마마, 궁궐로 돌아오십시오!

이렇듯 조선시대 후기부터 근현대에 이르기까지 경운궁은 우리 역사의 중심에 서 있었습니다.

자, 그럼 지금부터 경운궁을 둘러볼까요? 아래 그림처럼 다섯 개 부분으로 나누어 샅샅이 살펴볼 거예요. 먼저 대한문으로 출발!

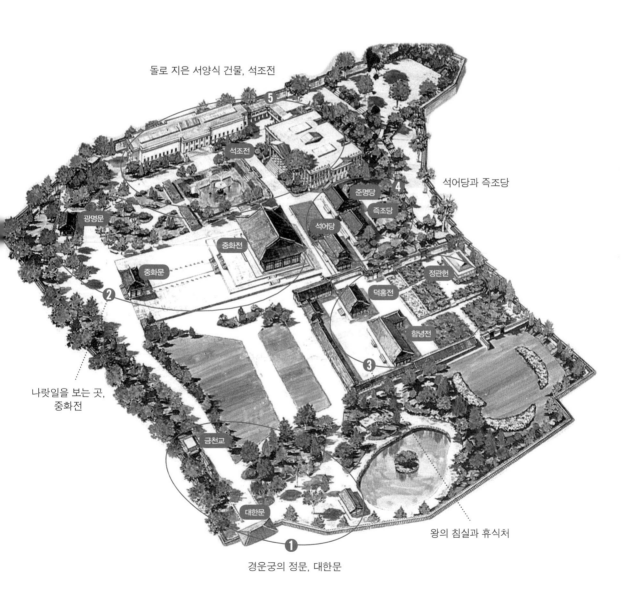

돌로 지은 서양식 건물, 석조전

5

석조전

석어당과 즉조당

준명당

즉조당

4

광명문

석어당

중화전

정관헌

중화문

덕홍전

2

함녕전

3

나랏일을 보는 곳,
중화전

금천교

대한문

왕의 침실과 휴식처

1

경운궁의 정문, 대한문

3 경운궁의 정문, 대한문

대한문

경운궁의 정문만 동쪽!

모든 궁궐의 정문은 남쪽에 있어요. 그리고 이름도 광화문(경복궁), 홍화문(창경궁), 돈화문(창덕궁), 흥화문(경희궁)처럼, 모두 중간에 '화(化)' 자가 들어갑니다. '화' 자에는 '백성을 좋은 방향으로 이끈다'는 의미가 담겨 있지요. 그런데 경운궁의 정문 이름은 대한문이에요. 방향도 남쪽이 아니라 동쪽에 있어요. 왜 그럴까요?

원래 경운궁의 정문은 남쪽으로 나 있던 인화문이었어요. 그런데 다니기 편했던 동쪽의 대한문이 점점 정

경운궁만 빼고 모든 궁궐의 정문에 '화' 자가 들어가네?

문 역할을 맡게 되었고 인화문은 폐쇄되었어요. 그뒤 인화문 자리에 건극문이 들어섰다가 일제 강점기 때 철거되었고, 대한문이 경운궁의 정문이 되었습니다.

대한문의 원래 이름은 대안문(大安門)이었어요. 1906년 대한제국 시절 문을 수리하면서 대한문(大漢門)으로 이름이 바뀌었다고 해요. 위치는 지금보다 14미터 정도 나와 있었지만 앞에 도로가 생기면서 뒤로 밀려나게 되었답니다.

대한문을 뒤져라!

아래에 나온 것들을 대한문 주변에서 찾아보세요!
그리고 이름과 사진과 설명을 각각 짝지어 보세요.

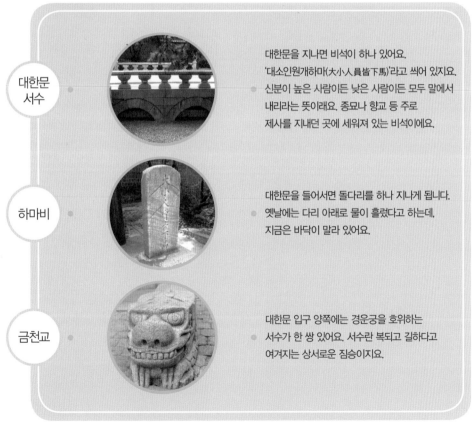

대한문 서수

대한문을 지나면 비석이 하나 있어요.
'대소인원개하마(大小人員皆下馬)'라고 씌어 있지요.
신분이 높은 사람이든 낮은 사람이든 모두 말에서
내리라는 뜻이래요. 종묘나 향교 등 주로
제사를 지내던 곳에 세워져 있는 비석이에요.

하마비

대한문을 들어서면 돌다리를 하나 지나게 됩니다.
옛날에는 다리 아래로 물이 흘렀다고 하는데,
지금은 바닥이 말라 있어요.

금천교

대한문 입구 양쪽에는 경운궁을 호위하는
서수가 한 쌍 있어요. 서수란 복되고 길하다고
여겨지는 상서로운 짐승이지요.

4 나랏일을 보는 곳, 중화전

중화전

　　궁궐마다 '법전'이 있어요. 법전은 왕이 공식 업무를 보거나 신하들을 모두 모아 나라의 큰일을 결정하는 곳으로 '정전'이라고도 하지요. 경운궁의 법전은 중화전입니다. 처음에는 중화전도 우리나라 여느 궁궐의 법전처럼 2층 건물이 었어요. 그런데 1904년 경운궁에 큰 불이 난 적이 있는데, 그때 다른 건물들과 함께 불타 버렸습니다. 나중에 중화전을 다시 세울 때 예산이 부족하여 지금과 같은 단층으로 고쳐 지었다고 합니다.

1. 중화전의 구석구석

중화전의 일월오악도

왕을 상징하는 그림, 일월오악도

중화전 안에 왕이 앉는 자리 뒷벽에는 그림이 그려진 큰 병풍이 있는데, 이 그림을 〈일월오악도〉 또는 〈일월오악병〉이라고 해요. 〈일월오악도〉는 중화전뿐만 아니라 궁궐 내에서 왕이 앉는 자리 뒤에 언제나 있었답니다. 해와 달, 다섯 개의 산봉우리가 그려져 있는데, 이는 왕을 칭송하고, 왕조의 번영을 기원하는 의미를 담고 있어요.

〈일월오악도〉의 이름을 풀어라!

'일월오악도'라는 이름에 쓰인 한자를 풀이하면, 그림에 무엇이 그려져 있는지 알 수 있습니다. 〈보기〉에서 아래 빈칸에 알맞은 한자를 찾아 써 보세요.

〈보기〉

月 달 월   五 다섯 오   岳 큰산 악   日 해 일   圖 그림 도

- 해 .... 가 있습니다. → 해는 왕을 의미합니다.
- 달 .... 이 있습니다. → 달은 왕비를 의미합니다.
- 다섯 개 .... 의 산봉우리 .... 가 있는 그림 .... 입니다.
  → 다섯 개의 산은 동쪽의 금강산, 서쪽의 묘향산, 남쪽의 지리산, 북쪽의 백두산, 중앙의 삼각산(북한산)을 말합니다.

천장과 답도에 새겨진 황제의 상징, 용

중화전에는 왕의 위엄과 권위를 상징하는 사물들이 많이 숨어 있어요. 용이 새겨진 천장과 계단 중앙의 답도도 그중 하나이지요.

천장의 용 조각

답도에 새겨진 용무늬

중국의 청나라는 왕의 호칭을 황제라고 하고, 황제를 상징하는 용을 궁궐 곳곳에 많이 조각했어요. 때문에 청나라를 섬기던 조선은 궁궐에 용을 마음대로 사용하지 못했어요. 그런데 1904년 화재 후 경운궁을 다시 지을 때 고종은 중화전 천장에 여의주를 물고 구름 속을 노니는 두 마리의 용을 조각해 넣고, 임금의 가마가 지나가는 답도에 용무늬를 새기게 했습니다. 어좌도 용 조각으로 장식하고, 창호도 황금색으로 칠했습니다. 1897년 황제의 나라로 거듭난 대한제국의 강한 의지를 담아낸 것이지요.

관직에 따라 정해진 자리, 품계석

중화전의 넓은 마당에 '정1품(正一品)', '정2품(正二品)'이라고 씌어진 비석이 있지요? 이것을 '품계석'이라고 해요. 관직의 등급에 따라 앉을 자리를 표시한 돌이랍니다. 오른쪽과 왼쪽에 각각 12개씩 줄지어 있지요. 궁궐에서 조회를 할

품계석

때는 임금님이 바라보는 방향에서 무관들은 오른쪽에, 문관들은 왼쪽에 앉았어요. 방향으로 보면 문관이 동쪽, 무관이 서쪽에 앉았던 거지요. 그래서 옛날 사람들은 문관을 동반, 무관을 서반이라 불렀고, 둘을 합쳐 양반이라고 했답니다.

정2품 벼슬을 받은 소나무

세조 임금이 충청도의 법주사에 가는 길이었어요. 속리산의 커다란 소나무 하나가 임금이 타는 가마(연)에 걸릴 정도로 가지가 길게 늘어져 있었어요. 이를 염려한 세조가 "소나무 가지에 연이 걸린다."라고 말하자, 신기하게도 소나무의 밑가지가 저절로 위로 들려 가마가 무사히 지나갈 수 있었답니다. 이를 본 세조는 소나무에게 정2품의 벼슬을 내렸습니다. 그런데 그 당시 충청도 관찰사는 직급이 종2품으로 정2품 소나무보다 낮기 때문에 이 소나무 앞을 지날 때면 어김없이 말에서 내려 예를 갖추고 걸어서 지나야 했답니다. '정이품송'이라고 불리는 이 소나무는 지금도 속리산으로 들어가는 길에 서 있습니다.

궁궐의 화재를 막아 주는 드므

드므

　　중화전 근처에 사람들이 쓰레기통으로 착각하기도 하는 큰 그릇이 하나 있어요. 이것은 궁궐에 불이 났을 때를 대비해 물을 담아두는 '드므'입니다. '넓적하게 생긴 독'이라는 뜻의 순 우리말이지요. 드므에 물을 가득 담아 놓는 이유는 불귀신이 찾아와도 물에 비친 자신의 모습에 놀라 달아날 거라는 생각 때문이래요. 하지만 경운궁에 불이 자주 났던 걸 보면 효험은 그리 좋지 않았나 봐요.

2. 광명문은 어느 건물의 문일까?

　　광명문은 원래 고종의 침전인 함녕전의 정문이었어요. 그런데 일제 강점기에 중화전 앞으로 옮겨져 흥천사 범종과 보루각의 자격루를 진열하는 전시관처럼 돼 버렸습니다. 지붕 밑 현판에는 여전히 문이라고 씌어 있지만 유물을 품고 서 있는 광명문은 더 이상 문의 역할은 하지 않습니다.

광명문

경운궁으로 들어온 흥천사 범종

태조 이성계는 두 번째 부인인 신덕 왕후가 죽자, 매우 안타까워하며 능(정릉)을 한양 도성 안(현재 정동극장 근처)에 만듭니다. 그리고 능 동쪽에 흥천사를 세우고, 아침저녁으로 범종을 울려, 슬픔을 달랬다고 합니다. 태조는 아침과 저녁 수라상을 받을 때 흥천사의 종이 울려야만 수저를 들었다고 해요. 그러나 태조의 뒤를 이어 왕이 된 태종이 능을 북쪽, 현재의 정릉으로 옮겨 버렸고, 종은 흥천사가 불에 탄 뒤 여기저기 떠돌아다니다 결국은 이곳 경운궁까지 옮겨오게 되었습니다.

흥천사 범종

자격루는 알람시계

자격루(自擊漏)는 '스스로 종을 치는 물시계'라는 뜻입니다. 광명문 안에는 국보 229호인 자격루가 있는데, 물통의 물을 일정하게 흐르게 하여 정해진 시간에 소리가 나도록 만들어진 물시계이지요. 물대롱과 몇몇 장치들이 없어져서 지금은 자동으로 시간을 알려 주는 기능을 하지는 못해요.

자격루의 기둥 두 개가 보이죠? 하나는 밤 시간을 나타내기 위한 것이고, 다른 하나는 하루의 시간을 나타내기 위한 것이에요. 일몰부터 일출까지 하룻밤을 두 시간씩 1경에서 5경으로 나누었고, 하루는 12지시(자, 축, 인, 묘, 진, 사, 오, 미, 신, 유, 술, 해)로 나누었어요. 매 시각마다 종이 울리면, 각 시각에 해당하는 동물이 그 시각이 적힌 팻말을 들고 튀어나왔대요. 지금의 뻐꾸기시계처럼요.

자격루

잠깐퀴즈

12지신에 해당하는 동물을 짝지어 선으로 연결해 보세요.

자子 축丑 인寅 묘卯 진辰 사巳 오午 미未 신申 유酉 술戌 해亥

5 왕의 침실과 휴식처

경운궁에도 다른 궁궐들처럼 왕이 생활하던 건물이 따로 있었어요. 고종 황제가 거처하던 함녕전, 손님들을 접대하던 덕홍전, 고종이 다과를 들며 휴식처로 사용하던 정관헌이 바로 그런 공간이었지요.

1. 고종의 침실, 함녕전

경운궁에는 왕비의 침전이 따로 없었고, 왕과 후궁이 함녕전에서 함께 생활했대요. 대청마루를 사이에 두고 동쪽 방에는 고종이, 서쪽 방에는 후궁이 머물렀어요. 1897년에 지어진 함녕전은 1904년 새로 지어졌습니다. 그해 경운궁에 큰 불이 났기 때문인데, 바로 이 함녕전 아궁이에서 불길이 시작되었다고 합니다. 어떤 사람들은 일본 사람들이 불을 지른 게 아니었을까 생각하는데, 아직 확인된 사실은 없어요. 고종은 1919년 함녕전에서 67세의 나이로 죽었어요.

함녕전

21

2. 최초의 서양식 건물, 정관헌

정관헌(靜觀軒)은 '조용히 내다보면서 쉬는 정자'라는 뜻입니다. 고종이 다과를 들거나 음악을 듣고 연회를 열던 곳으로, 궁궐 안의 서양식 건물 중에 가장 오래된 건물입니다. 고종은 이곳에 외국 공사관들을 초대해 나랏일을 논의하기도 했어요.

정관헌은 1900년 고종이 러시아의 건축가 사비틴에게 부탁하여 지은 건물로, 서양식 건축 양식과 우리나라의 전통 문양이 잘 어우러져 있습니다. 벽은 회색과 붉은색 벽돌로 다양하게 장식되어 있고, 바닥엔 대리석이 깔려 있어요. 또한 건물의 기둥과 철제 난간은 국화, 용, 구름, 모란 등 우리의 전통 문양으로 화려하게 꾸며져 있어 이색적입니다.

정관헌

3. 정사각형 편전, 덕홍전

덕홍전은 고종이 정무를 맡아 보고 외국 사신을 맞아 접대했던 곳입니다. 함녕전과 나란히 남향으로 지어진 덕홍전은 정면 3칸, 측면 4칸으로 거의 정사각형 모양을 하고 있는데, 우리나라의 궁궐에서는 보기 드문 형태입니다. 덕홍전 안을 장식하고 있는 카펫과 샹들리에는 서양 문물을 들여오던 그 당시의 분위기를 잘 보여주고 있습니다.

덕홍전

1. 오얏꽃 문양을 찾아라!

정관헌 나무 기둥을 올려다 보세요. 오얏꽃(자두나무의 꽃)이 새겨져 있지요? 정관헌 말고도 함녕전과 덕홍전, 석조전에서도 오얏꽃 문양을 찾아볼 수 있답니다. 자, 그럼 궁궐 곳곳에 숨어 있는 오얏꽃 문양을 찾아서 그려 볼까요?

2. 오얏꽃에 숨겨진 비밀!

오얏꽃 문양에 대해서는 두 가지 상반된 의견이 있습니다. 여러분은 어느 주장이 맞다고 생각하나요?

의견 1

오얏꽃은 대한제국을 상징하는 무늬야. 황실의 건물은 물론이고 여러 물건에도 오얏꽃 무늬가 들어 있지. 고종이 원구단에서 황제 즉위식을 할 때 외세를 극복하고 자주 독립을 이루겠다는 분위기로 들떠 있었어. 이 시기에 특히 많이 그려진 걸 보면 오얏꽃 문양은 그런 의지의 표현 아니겠어?

의견 2

오얏꽃은 한자로 이화(李花)라고 해. 한자를 보면, 조선 왕조의 성씨인 이(李)자가 들어 있지? 일제는 대한제국을 이(李)씨 가문이라 부르며, 독립된 나라로 인정하지 않았어. 대한제국을 일제의 지배를 받는 한 가문으로 끌어내리기 위해 일부러 오얏꽃 문양을 궁궐 곳곳에 장식한 거야.

6 석어당과 즉조당

1. 경운궁의 2층 건물, 석어당

석어당은 경운궁에 현재 남아 있는 유일한 2층 건물입니다. 다른 건물과 달리 석어당은 건물에 여러 가지 빛깔로 무늬를 그린 단청을 하지 않아서 쉽게 찾을 수 있을 거예요.

석어당은 임진왜란 때 선조가 피난했다가 한양으로 돌아와 죽을 때까지 16년간 머물던 곳입니다. 또, 선조의 뒤를 이은 광해군이 인목대비를 유폐시킨 곳이기도 합니다. 석어당도 1904년의 큰 불로 타 버렸으나, 그해 5월에 다시 지어졌어요.

석어당

2. 하나로 연결된 즉조당과 준명당

즉조당은 1623년 광해군이 퇴위되고 인조가 임금으로 즉위한 곳이며, 1907
년 순종이 황제 자리에 오른 장소이기도 합니다. 즉조당은 '인조가 즉위하였다'
라는 뜻으로 붙여진 이름이지요. 즉조당에 가면 고개를 들어 현판을 한번 올
려다보세요. 고종이 직접 쓴 글씨랍니다.

즉조당과 연결되어 있는 준명당은 고종이 경운궁으로 옮겨올 때 지은 건물
로, 나랏일을 맡아 보는 편전이나 외국 사절들을 접견하는 곳으로 쓰였습니다.
한때는 고종의 어린 딸 덕혜옹주를 위한 유치원으로도 사용됐다고 합니다. 나
중에는 이곳에 고종과 순종의 초상화를 모셔 두었어요.

즉조당과 준명당

인조반정의 현장, 석어당과 즉조당

광해군은 선조와 후궁인 공빈 김씨 사이에서 태어났어요. 왕비의 아들이 아니라는 점 때문에 광해군이 세자로 정해질 당시 많은 논란이 있었지요. 그러다가 1602년 선조는 인목왕후를 새로운 왕비로 맞이했고, 인목왕후는 아들 영창대군을 낳았습니다. 선조는 영창을 특히 아껴서, 광해군 대신에 영창을 다시 세자로 세우려고도 했어요.

그런데 병환이 깊던 선조가 갑자기 세상을 떠나자, 광해군이 임금으로 즉위하게 됐습니다. 왕이 된 광해군은 자신을 쫓아내고 영창대군을 세자로 세우려던 세력들을 숙청하기 시작했어요. 당연히 영창대군과 그의 친어머니 인목대비도 숙청 대상이었어요. 광해군은 인목대비를 경운궁 석어당으로 쫓아내고 영창대군을 강화도로 귀양 보냅니다. 영창대군은 안타깝게도 귀양지에서 죽음을 맞아야 했습니다. 그러나 몇 년이 지나지 않아 상황은 반대가 되었습니다. 광해군을 반대하던 세력인 서인들이 반정을 일으켰기 때문입니다. 인목대비는 석어당으로 광해군을 불러 폐위시켰어요. 광해군은 결국 조카인 인조(능양군)에게 왕의 자리를 내어 줍니다(인조반정). 인조는 인목대비가 살던 석어당 옆 즉조당에서 왕으로 즉위했습니다.

이름으로 건물의 쓰임새를 알 수 있다!

조선 시대는 신분의 구별이 엄격한 사회였어요. 그래서 건물도 그곳에 사는 사람에 따라 끝말이 다르게 붙었어요. 가장 높은 지위인 왕이 사는 건물이 '전'이고, 가장 낮은 등급의 건물은 '정'입니다. 궁궐의 건물도 마찬가지로 그 끝말을 따로 만들어 순서를 정해 놓았습니다.

아래 글자가 들어가는 건물의 이름을 경운궁에서 찾아 써 봅시다.

전展 주로 왕이나 왕비가 머무는 공간입니다. →..

당堂 왕의 아들인 대군이나 공주가 머무는 공간입니다. →.............................

합閤 각閣 주로 당이나 전의 부속 건물입니다.
→ 경운궁에는 없고 창덕궁에 있는 경훈각이 대표적인 건물입니다.

재齋 왕실 가족들의 휴식 또는 주거 공간, 관원들의 업무 공간으로 쓰입니다.
→ 경운궁에는 현재 남아 있는 건물이 없고, 창덕궁의 낙선재, 경복궁의 집옥재 등이 이에 해당합니다.

헌軒 별당과 같은 휴식 공간으로 쓰입니다. →..

누樓 휴식을 목적으로 하는 2층 건물에 주로 붙입니다.
→ 경운궁에는 남아 있는 건물이 없고, 경복궁의 경회루가 있습니다.

정亭 휴식을 목적으로 하는 단층 건물에 주로 붙입니다.
→ 경운궁에는 없고, 경복궁의 향원정, 창덕궁의 부용정이 있습니다.

7 돌로 지은 서양식 건물, 석조전

일본의 기세를 꺾기 위해 세웠다고?

석조전은 대한제국 정부의 재정 고문을 맡고 있던 영국인 브라운이 고종 황제에게 건의해 1900년부터 1910년까지 10년에 걸쳐 지은 건물입니다. 일본의 기세를 꺾기 위해 지었다고도 하고, 고종의 환심을 사기 위해 지었다고도 합니다. 어쨌든 당시 영국 공사관과 가까운 곳에 세워진 걸 보면, 영국이 대한제국에 외교적 영향력을 행사하고자 했음을 짐작할 수 있어요.

어색해 보이는 서양식 정원

석조전은 18세기 유럽의 건축 양식을 본뜬 3층짜리 건물로, 매우 이색적입니다. 생긴 모습이 너무 웅장해서 경운궁의 중심 건물인 중화전을 짓누르는 듯한 인상을 주기도 해요. 그래서 당시 석조전에 불만을 가진 사람들이 많았다고

석조전

합니다. 석조전 앞의 정원은 우리나라에 만들어진 최초의 서양식 정원입니다. 자연과의 조화를 중요하게 생각했던 우리 조상들은 정원을 만들 때도 주변 자연 경관을 해치지 않고, 자연의 이치를 거스르지 않았어요. 물도 위에서 아래로 흐르는 게 자연스럽다고 생각했죠. 그런 점에서 석조전 앞의 분수대는 여름에 시원해 보일지는 몰라도, 우리나라 궁궐과는 어울리지 않는 것 같아요.

석조전에 배어 있는 외세의 흔적

고종은 석조전을 세움으로써 대한제국의 개혁 의지를 보여주고자 했어요. 하지만 1919년 고종이 죽자 일본 사람들은 이곳에 자기네 미술품을 전시하고, 일반인에게 궁궐을 개방했어요. 게다가 일본은 석조전 서쪽에 비슷한 서양식 건물을 하나 더 짓고, 이왕직 박물관으로 사용했다고 합니다. 대한제국의 상징인 경운궁이 일제에 의해 미술품이나 역사적 자료를 전시하는 공간으로 전락해 버린 것입니다.

현대사의 아픈 상처까지

시간이 흘러 우리나라는 일제로부터 해방되었지만 미국, 영국, 소련, 중국은 우리나라를 분할 통치하기로 했어요. 그들은 우선 남한에 단독으로 정부를 세우기로 했습니다. 그 결정이 바로 석조전에서 이루어졌어요. 이 일은 남북 분단의 불씨가 되어 이후 우리 민족의 가슴에 커다란 상처를 새겼답니다.

'석조전'은 무슨 뜻을 담고 있나요?

우리나라 궁궐의 건물 이름은 그냥 붙여지지 않아요. 각 이름에는 조상들의 깊은 생각이 담기죠. 예를 들어, 왕비의 거처에는 '큰 인물이 될 왕자를 낳으라'는 뜻으로 '태(太)' 자나 '대(大)' 자를 넣었어요. 경복궁의 '교태전'이나 창덕궁의 '대조전'을 보면 알 수 있죠? 그런데 석조전은 특별한 의미 없이 단지 '돌(石)로 지었다(造)'는 단순한 뜻이에요.

오늘날의 석조전

현재 석조전 서관은 국립현대미술관의 분원(덕수궁 미술관)으로 사용되고 있어요. 주말이면 많은 사람들이 미술 작품을 관람하기 위해 이곳에 옵니다. 하지만 석조전이 간직한 아픈 역사에 관심을 갖고 있는 사람은 별로 없는 것 같아요. 석조전의 미술관에 가게 된다면 한번쯤 우리 역사를 돌아보는 시간을 갖는 것도 좋겠지요?

— 이왕직 박물관이란?

'이왕직'은 일제가 대한제국 황실을 장악하려고 만든 기관입니다. 이왕직의 업무는 일본 궁내성으로 모두 보고되었습니다. 일본은 조선 왕족의 인적 사항을 관리하면서 우리 황실을 해체하기 시작했습니다. 이왕직에서 관리하던 족보나 그와 관련된 문서를 보관하던 곳이 바로 이왕직 박물관입니다.

석조전은 어떻게 쓰이는 게 좋을까?

석조전의 일부는 지금 미술관으로 사용되고 있지만 우리 역사의 아픔이 담겨 있는 건물이므로 없애야 한다는 사람도 있어요. 석조전의 쓰임새에 대해서 사람들은 서로 다른 의견을 가지고 있지요. 여러분은 어떻게 생각하나요? 다음 의견을 읽고 동의되는 생각을 하나 골라 보아요.

❶ 근현대사의 아픔이 서려 있는 곳인 만큼 그와 관련된 유물과 사진 자료를 전시해야 한다.

❷ 그것은 별개의 문제다. 지금의 용도대로 사용하는 것이 좋겠다.

❸ 석조전은 궁궐과 잘 어울리지 않는 건물이니까 다른 곳으로 이전시키거나
   조선 총독부 건물처럼 해체시키자.

어떤 의견을 골랐나요? 그렇게 생각한 이유를 자세히 적어 볼까요? 자신만의 의견을 적어 보세요.

경운궁과 파란만장한 근대사 이야기

강대국과 일본의 간섭이 심해지던 19세기 말에서 20세기 초, 경운궁 주변은 대한제국 역사의 중심이 되었습니다. 주변에 있는 대사관들과 역사적 현장들을 둘러보면서 100여 년 전 우리의 아픈 역사를 돌아봅시다.

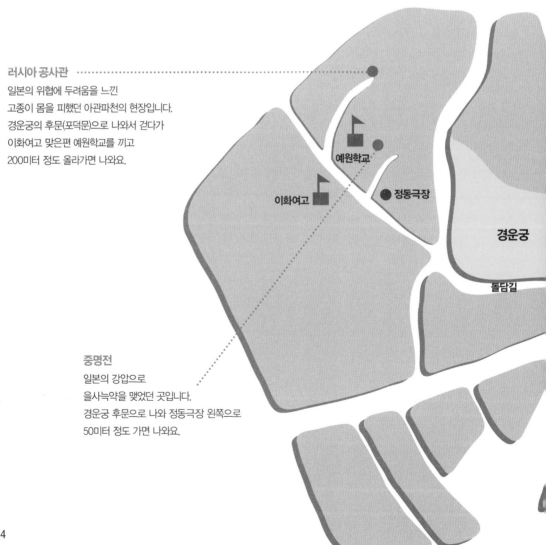

러시아 공사관
일본의 위협에 두려움을 느낀
고종이 몸을 피했던 아관파천의 현장입니다.
경운궁의 후문(포덕문)으로 나와서 걷다가
이화여고 맞은편 예원학교를 끼고
200미터 정도 올라가면 나와요.

예원학교

이화여고

정동극장

경운궁

돌담길

중명전
일본의 강압으로
을사늑약을 맺었던 곳입니다.
경운궁 후문으로 나와 정동극장 왼쪽으로
50미터 정도 가면 나와요.

서울 시청

서울 시청은 일제 강점기 때 지어진 건물입니다.
하늘에서 내려다보면 마치 일본의 본(本)자 모양을 하고 있어요.
일본 사람들은 북악산을 대(大)자로 보고
그 앞 경복궁에 조선총독부 건물을 일(日)자로 설계해서
'대일본(大日本)'으로 보이게 했다죠?
조선총독부 건물은 1995년에 철거됐습니다.

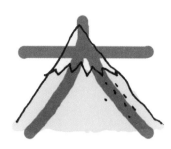

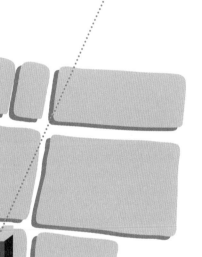

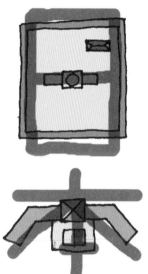

울 시청

웨스틴 조선호텔

원구단

고종이 황제로 즉위한 곳입니다.
소공동길에 있는 웨스틴 조선호텔 옆에 있어요.
지금은 공원이 되었습니다.

1. 러시아 공사관으로 피신하는 고종, 아관파천

청나라와 일본이 조선의 지배권을 놓고 다툰 청일전쟁(1894~1895)에서 청나라에 승리한 일본은 그 기세를 몰아 조선을 손에 넣으려 했어요. 하지만 일본은 안팎으로 거센 반발에 부딪쳤습니다. 러시아가 프랑스와 독일을 끌어들여 일본을 견제했기 때문이죠. 조선의 왕실도 이러한 상황을 이용하여 일본의 간섭을 약화시키려 했어요. 그러자 일본은 조선의 국모인 명성황후를 살해하는 만행을 저질렀습니다. 그리고 친일파들이 나랏일을 보도록 조선 정부를 다시 구성했어요.

위협을 느낀 고종은 경복궁을 떠나 러시아 공사관으로 거처를 옮겼어요 (1896). 이 사건을 '아관파천'이라고 합니다. 고종은 러시아의 도움을 받아 친일 내각을 없애고 민심을 수습하려고 노력했어요. 하지만 러시아의 도움을 받은 조선은 한반도에 철도를 건설할 수 있는 권리나 광산 소유권 등을 러시아에 넘겨줘야 했습니다.

대한제국 시대 러시아 공사관 모습

러시아 공사관의 옛날과 지금

고종이 머물렀던 러시아 공사관은 경운궁과 가까운 곳에 있어요. 한국전쟁 때 파괴되어 탑과 지하 2층만 남아 있었는데, 1973년 지금의 모습으로 복원되었어요.

복원될 당시 탑의 동북쪽에서 지하실의 일부가 발견되기도 했어요. 그런데 이 지하실은 놀랍게도 경운궁까지 연결이 되어 있었다고 합니다.

러시아 공사관의 현재 모습

아관파천의 의미는?

조선 시대에는 서양 나라의 이름을 한자를 이용해서 썼어요. 러시아는 아라사(俄羅斯) 또는 노서아(露西亞)라고 했고, 프랑스는 불란서(佛蘭西), 에스파냐는 서반아(西班牙)라고 불렀어요. 원래 이름의 발음과 엇비슷하지요? 그럼, '아관파천'은 무슨 뜻일까요? 러시아 공사관을 가리키는 '아관(俄館)'에다, 옮겨 갔다는 뜻의 '파천(播遷)'을 붙여서 만든 말로 '러시아 공사관으로 옮겨 갔다'는 의미예요.

고종의 경복궁 탈출기

명성황후가 일본에 무참히 시해당한 후 고종은
경복궁에서 불안한 나날을 보냈어요. 그러던 중
일본 세력에 반대하는 유생들과 농민들이 의병을
일으켰고, 일본은 각지에서 일어난 의병 진압에
열을 올리게 됩니다. 고종이 경복궁을 탈출할 수
있는 좋은 기회였지요.

1896년 2월 11일 새벽, 고종과 왕세자는 궁
녀들이 타는 가마를 타고 경복궁을 빠져나왔어
요. 근처에서 대기하고 있던 러시아 병사들의 호
위를 받으며, 고종은 황급히 러시아 공사관으로
피신했습니다.

러시아 공사관에 도착한 고종은, 친일파를 몰
아내고, 1년 동안 그곳에서 정사를 돌봤습니다.

2. 상감마마, 궁궐로 돌아오십시오!

고종의 환궁

아관파천 후 일본과 러시아는 조선의 지배권을 놓고 팽팽히 대립했어요. 백
성들은 '한 나라의 왕이 외국 공사관에 피신해 있는 것은 나라의 수치'라며, 고
종에게 궁궐로 돌아올 것을 끊임없이 간청했어요. 고종은 백성들의 요구를 받
아들이고, 더 이상 조선이 외세에 의존해서는 안 되겠다는 판단을 내렸습니다.
1년간의 러시아 공사관 생활을 끝내고 경운궁으로 돌아온 것이지요(1897). 이
때부터 경운궁 주변은 파란만장한 대한제국 역사의 중심에 서게 됩니다.

그런데 고종은 왜 경복궁이 아닌 경운궁으로 갔을까요? 경복궁은 이미 일본

고종을 환영하러 대안문(대한문) 앞에 나온 백성들

에 점령당해 일본군 수비대가 지키고 있었지만 경운궁의 주변에는 러시아, 미국, 영국, 프랑스 등 서양 여러 나라의 공사관이 밀집해 있었어요. 열강의 세력을 적절하게 이용하려면 위치상 경운궁이 경복궁보다 훨씬 더 유리했지요.

경운궁 주변은 지구촌의 축소판

당시 경운궁 주변에는 외국 공사관이 경쟁적으로 들어섰어요. 윤치호, 이상재, 이완용, 박정양 등 아관파천을 주도한 정동파 인물들이 활동했던 곳도 이 주변입니다. 그들은 정동 구락부라고 불리던 사교 모임의 멤버로 외국인들이 많이 모이는 손탁 호텔이나 여러 공사관들을 중심으로 활동했어요. 경운궁 주변은 외국과 결탁한 여러 세력들이 허약한 조선의 왕실, 관료들과 손을 잡거나 대립하면서 외교적인 암투를 벌였던 장소이기도 하지요.

러시아 공사관
영국 공사관
미국 공사관
프랑스 공사관
중명전
준명당
즉조당
정관헌
석어당
중화전
함녕전
중화문
대한문

3. 이제 조선이 자주 독립국임을 선포하노라!

경운궁으로 돌아온 고종은 백성들의 자주 독립 의지에 힘입어, 독립국가로서의 면모를 다지기로 했어요. 국호를 대한제국으로 고치고 연호는 광무라 했습니다. 고종은 원구단에서 하늘에 제사를 올린 후 황제 자리에 올랐어요. 그리고 대한제국이 자주 독립국임을 국내외에 선포했습니다(1897. 10).

이 일은 500년 동안이나 이어져 온 조선의 국호를 바꾼 중요한 사건입니다. 우리나라를 서구의 열강과 대등한 위치에 세운 것이지요. 또한 황제권을 강화하여 새로운 서구 문물을 선택적으로 수용하고, 근대화를 자주적으로 적극 추진하겠다는 의미가 담겨 있습니다.

연호? 서기? 단기?

고종은 대한제국을 선포하면서 '광무(光武)'라는 연호를 썼어요. 연호는 왕조의 연도를 세는 방법으로, 중국에서 시작한 것입니다. 황제의 나라 대한제국의 첫 해인 1897년은 광무 1년이 되는 것입니다.

'단기'는 '단군기원'의 준말로, 고조선의 시조인 단군이 즉위한 해를 기준으로 연도를 계산하는 것입니다. 현재 우리가 주로 쓰는 '서기'는 '서력기원'의 준말로, 예수가 태어난 해를 원년으로 삼는 서양의 기독교 문화에서 쓰기 시작한 방법입니다. 서기는 '기원후'라고도 일컬어지며, 전 세계 거의 모든 나라에서 연도를 세는 기준이 되고 있습니다.

황제 즉위의 현장, 원구단

고종은 1897년 원구단에서 황제 즉위식을 거행했어요. 원구단은 고종이 자주 독립을 선포한 의미있는 자리로, 대한 제국이 황제 국가임을 상징합니다.

원구단 뒤에는 황궁우를 세웠어요. 태조를 태조고황제로 모신 곳입니다. 그리고 그 앞에는 고종이 왕으로 즉위한 지 40년(고종의 나이 51세)이 된 것을 기념하기 위해 세운 석고(돌로 만든 북)가 있습니다.

태조고황제를 모신 황궁우

황궁우의 석고

원구단 하늘의 아들인 황제가 하늘에 제사를 드리기 위해 만든 단입니다. 원래 중국 사신의 영빈관으로 사용되던 자리였지요. 지금은 원구단을 볼 수가 없어요.

원구단

조상들의 사상이 담긴 원구단의 모양

원구단(圓丘壇)은 원단이라고도 합니다. 이 말은 하늘에 제사를 올릴 때 원형으로 제단을 쌓는 방식에서 유래한 말입니다. '하늘은 둥글고 땅은 네모지다'는 뜻의 '천원지방(天圓地方)'의 음양론에 따르면, 하늘에 올리는 제사의 제단은 동그랗게, 그리고 땅과 곡식의 신에게 올리는 제사의 사직단은 네모지게 쌓아야 한다고 합니다. 원구단의 겉모양에서도 우리 조상들의 사상을 엿볼 수 있습니다.

철도호텔 1914년 일제가 원구단을 헐어 내고 그 터에 호텔을 지었어요. 당시로는 매우 호화로운 호텔이었어요. 자주 독립을 기원하던 원구단이 있던 자리에 일제 침략의 상징인 철도호텔 건물이 들어섰습니다.

조선호텔 철도호텔이 조선호텔로 이름을 바꾸었다가 1968년에 건물을 새로 지었습니다. 그때 지은 것이 현재 웨스틴 조선호텔이죠.

철도호텔

고층 빌딩에 둘러싸인 현재의 황궁우

지금의 모습은? 현재 소공동 웨스틴 조선 호텔 옆에 위치한 원구단 자리에는 황궁우와 석고만 남아 있어요. 대규모 호텔과 고층 빌딩 숲에 둘러싸여 있어서 무슨 용도로 쓰였던 건물인지도 알 수 없게 되었어요.

4. 조선, 강제로 일본의 보호국이 되다

일본은 러시아와 벌인 전쟁에서 승리한 후 군대를 동원하여 경운궁을 포위합니다. 그리고 우리나라를 일본의 보호국으로 인정하는 을사늑약 체결을 강요했어요. 고종은 끝까지 이 조약에 대한 서명을 거부했어요. 하지만 일본은 이완용 등의 다섯 명의 대신들을 매수하여 강제로 조약을 체결했습니다 (1905. 11. 17). 이 조약을 내세워 일본은 외교권을 빼앗고 통감부를 설치하여 대한제국을 속속들이 간섭하기 시작했어요. 이에 반발한 장지연은 〈황성신문〉에 「시일야방성대곡」이라는 논설을 썼습니다. 또, 민영환과 조병세는 나라를 빼앗긴 부당함에 항변하기 위해 스스로 목숨을 끊었습니다.

오늘 목 놓아 통곡하노라
(시일야방성대곡是日也放聲大哭)

아! 원통하고도 분하도다. 우리 이천 만, 남의 노예가 된 동포여!
살았는가, 죽었는가? 단군기자 이래 사천 만 국민 정신이
하룻밤 사이에 별안간 멸망하고 멈추겠는가?
아! 원통하고 원통하도다. 동포여! 동포여!

을사오적과 을사늑약

일본이 강제로 우리나라의 외교권을 빼앗은 을사늑약 체결 과정에 있었던 여덟 명의 대신들 중에 다섯 명이 조약 체결에 찬성했습니다. 사람들은 이 치욕적인 조약의 체결을 이끈 다섯 명의 사람들을 을사년(1905)에 나라를 판 다섯 명의 매국노라는 의미로 '을사오적'이라고 불렀습니다.

학부대신(지금의 교육부 장관)
이완용 조선이 을사늑약을 체결할 수밖에 없다고 주장. 우리나라 매국노의 대명사.

군부대신(지금의 국방부 장관)
이근택 박쥐처럼 이곳에 붙었다. 저곳에 붙었다 한 지조 없는 인물. 이토 히로부미의 양자.

외부대신(지금의 외교부 장관)
박제순 을사늑약 체결에 직접 서명 날인한 인물.

농상공부대신
(지금의 농림축산식품부 장관)
권중현 청일전쟁 중에 일본군 위문사 자격을 가졌던 친일파.

내부대신(지금의 안전행정부 장관)
이지용 부정부패와 도박을 일삼았던 인물. 을사늑약 체결 조건으로 거금을 받음.

만화로 보는 '을사늑약 현장 르포'

1905년 11월 이토 히로부미는 을사늑약에 서명할 것을 고종에게 강요합니다. 하지만 고종은 그 조약을 절대로 인정할 수 없다며 거부합니다. 그러자 이토 히로부미는 11월 17일 각료 회의(지금의 장관급 회의)를 긴급 소집합니다.

제1조 일본 정부는 대한제국의 외국에 대한 관계 및 사무를 관리 및 지휘한다.

→ 일본이 우리나라의 외교권을 손에 넣겠다는 의미입니다.

제2조 대한제국은 일본 정부의 중개를 거치지 않고, 다른 나라와 조약을 체결할 수 없다.

→ 다른 나라와 관계를 맺으려면 일본의 허락을 받아야 한다는 것이죠.

제3조 일본 정부는 경성에 통감을 설치하고, 통감 대표는 외교에 관한 대한제국 황제를 만나 협의할 수 있다.

→ 통감이 대한제국의 황제인 고종을 조종하겠다는 뜻입니다.

제4조 대한제국 사이에 현재 맺어진 조약이나 약속은 본 협약에 위반되지 않는 한 그대로 유지한다.

→ 이전에 맺었던 강화도조약 같은 불평등한 협약을 그대로 유지하겠다는 속셈입니다.

제5조 일본 정부는 대한제국 황실의 안녕과 존중을 보장한다.

→ 형식적인 이야기겠죠?

을사늑약은 국제법상 무효!

을사늑약은 각료의 의결만 거친 조약 아닌 조약입니다. 조약 체결을 결정하는 황제의 최종 확인과 동의를 받아 내지 못했고, 조약문에 공식 명칭조차 빠져 있어서 국제법상으로는 무효라고 할 수 있죠. 그러나 서양의 힘 있는 열강들은 이런 과정을 알면서도 오히려 일본 편을 들어주었답니다.

을사늑약 체결의 현장, 중명전

중명전은 고종이 외국 사절단을 만나거나 연회를 열 때 이용했던 건물입니다. 또, 1905년 강제로 을사늑약을 체결한 장소이기도 하지요.

1897년 무렵 러시아 건축가에 의해 지어진 중명전은 원래 경운궁에 속해 있던 전각이었으나 도로가 생기면서 궁 밖에 위치하게 되었어요. 1925년 화재로 소실되었으나 곧 원형대로 재건되었습니다. 일제 강점기에는 외국인에게 임대되어, 1960년대까지 외국인들의 사교장으로 쓰였습니다. 최근에는 문화재청에서 중명전을 관리하고 있습니다.

궁 밖에 있는 중명전을 찾아가 보아요. 지금은 어떤 용도로 사용되고 있나요?

5. 황제의 자리에서 물러나다

을사늑약의 부당함을 만국에 알려라

을사늑약을 끝까지 거부했던 고종은 네덜란드 헤이그에서 열리는 만국평화회의에 이준, 이위종, 이상설을 사절로 보냅니다. 이들을 헤이그 특사라고 부릅니다. 일본이 조선을 부당하게 침략한 사실을 세계에 알리고 도움을 요청하기 위해서였죠. 물론 일본은 국제적 지탄을 받게 되었어요. 그러자 화가 난 일본은 고종에게 왕좌에서 물러날 것을 강요했습니다.

나랏일을 잠시 황태자에게 맡기노라

일본의 압력을 견디다 못한 고종은 국정을 황태자(순종)에게 잠시 맡기기로 했어요. 하지만 일본은 고종을 황제 자리에서 아주 물러나게 하려고 작정을 하고 순종의 즉위식을 거행했습니다(1907). 고종에게 덕수라는 칭호를 내린 것도 이때입니다. 경운궁도 덕수궁으로 이름이 바뀌었어요. 황제 자리에서 물러난 고종은 경운궁에서 쓸쓸한 말년을 보내다 생을 마감했습니다.

덕수궁? 경운궁?

'덕수(德壽)'는 조선 시대 초 정종에게 왕위를 물려준 태조가 받은 이름이었습니다. 왕의 지위에서 물러난 사람에게 '덕을 누리며 오래 살라'고 송축하는 뜻을 담고 있지요. 일본은 고종을 강제로 물러나게 하고 고종이 지내는 경운궁의 이름을 덕수궁으로 바꿔 버렸습니다. 덕수궁이라는 이름에는 이런 치욕의 역사가 담겨 있습니다. 그러니 지금 우리가 돌아보고 있는 이 궁궐의 이름을 계속 덕수궁으로 부르는 것은 바람직하지 않겠지요? 덕수궁 대신에, 원래 이름인 경운궁으로 되찾아 불러야 합니다.

외세에 휘둘리는 대한제국

대한제국 시대에는 러시아와 청나라, 일본 등 주변 열강들의 간섭과 세력 다툼으로 나라 안이 아주 어지러웠어요. 청일전쟁에서 청나라가 패배하며 조선에서 영향력을 잃고, 그 뒤로도 러시아와 일본이 크게 대립하였습니다.

파란만장했던 대한제국 되돌아보기

 급변하는 역사의 흐름 속에서 다음의 사건이 일어난 순서대로 번호를 써 넣어 보세요.

? 명성황후 시해 사건
일본이 경복궁으로 들어와
명성황후를 살해합니다.

? 아관파천
고종이 친러파 세력과 함께
러시아 공사관으로 거처를 옮깁니다.

? 고종 환궁
1년간의 러시아 공사관 생활을 접고
고종이 경운궁으로 환궁합니다.

? 을사늑약
일본은 을사오적을 매수하여
을사늑약을 체결합니다.

? 고종 강제 퇴위
만국평화회의에 특사를
파견한 고종이 일본에 의해
강제로 퇴위됩니다.

? 대한제국 황제 즉위
대한제국을 선포하고 고종이
원구단에서 황제로 즉위합니다.

알쏭달쏭 십자말풀이

1					8		9		11	
2		3							12	
							10			
				6						13
14		4	5				15	16		
			7			21		17	18	
	24								19	
25					22		20			
	27		28							
					23				31	
26			29			30				

가로 열쇠

2. 고종 황제가 일본 세력을 피해 경복궁에서 이곳으로 피신했죠.

4. '하늘은 둥글고, 땅은 네모지다'는 말

7. 말로 들려주는 동화를 'ㅇㅇ 동화'라고 하죠.

8. 조선 시대의 세 번째로 높은 벼슬. 이 관직을 받은 나무도 있어요. ㅇㅇㅇ송

10. 피난 갔다 돌아온 선조가 쓸쓸히 머물던 곳. 인목대비도 이곳에 유폐되었어요.

12. 왕이 나라의 정치를 집행하던 곳

15. 고종 황제가 대한제국을 세우고, 그 연호를 ○○라고 했죠.

17. 한 사회의 대다수를 이루는 사람들. ○○ 가요, ○○ 매체

19. 고종 황제의 부인 ○○황후. '민비'는 일본이 붙인 이름이에요.

20. 왕비를 부르는 말. ○○마마

22. 큰 집이나 건물의 큰 문

23. 죽은 사람들에게 음식을 차려 놓고 정성을 표하는 의식

25. 고종 황제의 장례식을 계기로 만세 운동이 일어난 것은 몇 월일까요? 힌트, 봄이 시작되는 달이지요.

26. 궁궐에서 왕이 탄 가마가 지나가는 길

27. 대한제국의 상징 문양.

29. 대한제국 때 서양에서 들어온 커피를 불렀던 말

30. 을사늑약 당시 이완용이 있던 자리. 지금의 교육부 장관

31. 궁궐의 화재를 막기 위해 물을 담아 두던 그릇

세로 열쇠

1. 대한제국 시기에 러시아와 친한 사람들을 이렇게 불렀죠.

3. 고종 황제가 러시아 공사관으로 피신한 사건

5. 고종 황제가 황제 즉위식을 거행한 곳

6. 「시일야방성대곡」을 써서 을사늑약의 부당함을 호소한 사람

8. 경운궁에 지어진 최초의 서양식 건물. '조용히 내다보면서 쉬는 정자'라는 뜻

9. 궁궐의 법전 앞에 신하들이 등급에 따라 앉도록 세워 놓은 비석

11. 인조가 광해군을 몰아내고 즉위한 장소

13. 왕과 가족들이 함께 사는 집과 그 집을 둘러싼 망루를 이르는 말

14. 고종이 황제의 자리에서 물러나면서 일본에게 받은 이름

16. 연극이나 무용, 음악 따위를 공연하기 위해 높게 세운 단

18. 을사늑약이 체결된 장소

20. 경운궁에서 왕이 공식 업무를 보던 곳. ○○전

21. 경운궁의 원래 정문은 대한문이 아니라 이 문이었죠.

22. 고종이 황제에 즉위하면서 나라 이름을 이것으로 바꿨어요.

24. 왕의 자리 뒤쪽에 항상 걸어 두던 그림

28. 꽃으로 만든 무늬

알쏭달쏭 십자말풀이 정답

친					정	이	품		즉	
러	시	아	공	사	관		계		조	정
파		관			헌		석	어	당	
		파		장						궁
덕		천	원	지	방		광	무		궐
수			구	연		인		대	중	
	일		단			화		명	성	
삼	월				대	문		중	전	
	오	얏	꽃		한			화		
	악		문		제	사			드	므
답	도		양	탕	국		학	부	대	신

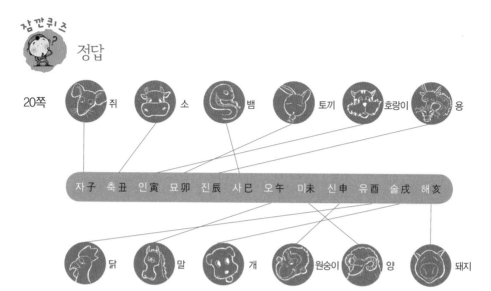

20쪽

쥐　소　뱀　토끼　호랑이　용

자子　축丑　인寅　묘卯　진辰　사巳　오午　미未　신申　유酉　술戌　해亥

닭　말　개　원숭이　양　돼지

51쪽

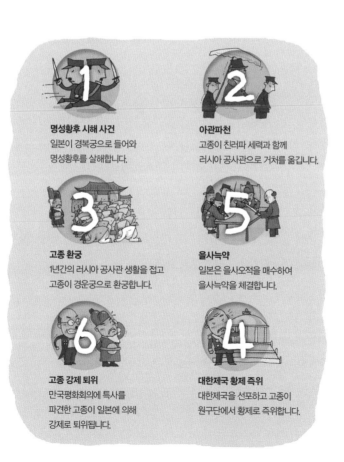

1 명성황후 시해 사건
일본이 경복궁으로 들어와
명성황후를 살해합니다.

2 아관파천
고종이 친러파 세력과 함께
러시아 공사관으로 거처를 옮깁니다.

3 고종 환궁
1년간의 러시아 공사관 생활을 접고
고종이 경운궁으로 환궁합니다.

5 을사늑약
일본은 을사오적을 매수하여
을사늑약을 체결합니다.

6 고종 강제 퇴위
만국평화회의에 특사를
파견한 고종이 일본에 의해
강제로 퇴위됩니다.

4 대한제국 황제 즉위
대한제국을 선포하고 고종이
원구단에서 황제로 즉위합니다.

현장 활동 도우미

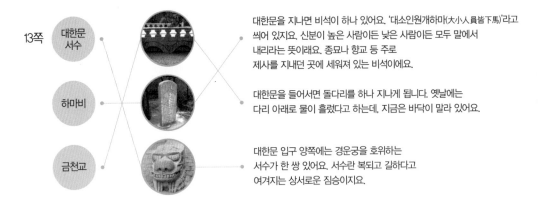

13쪽   대한문
      서수

대한문을 지나면 비석이 하나 있어요. '대소인원개하마(大小人員皆下馬)'라고
씌어 있지요. 신분이 높은 사람이든 낮은 사람이든 모두 말에서
내리라는 뜻이래요. 종묘나 향교 등 주로
제사를 지내던 곳에 세워져 있는 비석이에요.

      하마비

대한문을 들어서면 돌다리를 하나 지나게 됩니다. 옛날에는
다리 아래로 물이 흘렀다고 하는데, 지금은 바닥이 말라 있어요.

      금천교

대한문 입구 양쪽에는 경운궁을 호위하는
서수가 한 쌍 있어요. 서수란 복되고 길하다고
여겨지는 상서로운 짐승이지요.

15쪽   日, 月, 五, 岳, 圖

더 알아봅시다!

현장학습은 현장에서 끝나지 않는다! 경운궁의 역사와 문화재가 더 궁금
하다면 아래 인터넷 사이트에 들러 보세요.

• www.cha.go.kr 문화재청
• kid.seoul.go.kr 꾸러기 세상
• www.deonksugung.go.kr 덕수궁